Impressum
Verlag: BABADADA GmbH, Nedderfeld 112 , 22529 Hamburg
Geschäftsführer / Verlagsleitung: Harald Hof
Druck: Books on Demand GmbH, In de Tarpen 42, 22848 Norderstedt

Imprint
Publisher: BABADADA GmbH, Nedderfeld 112 , 22529 Hamburg, Germany
Managing Director / Publishing direction: Harald Hof
Print: Books on Demand GmbH, In de Tarpen 42, 22848 Norderstedt, Germany

paaralan

школа

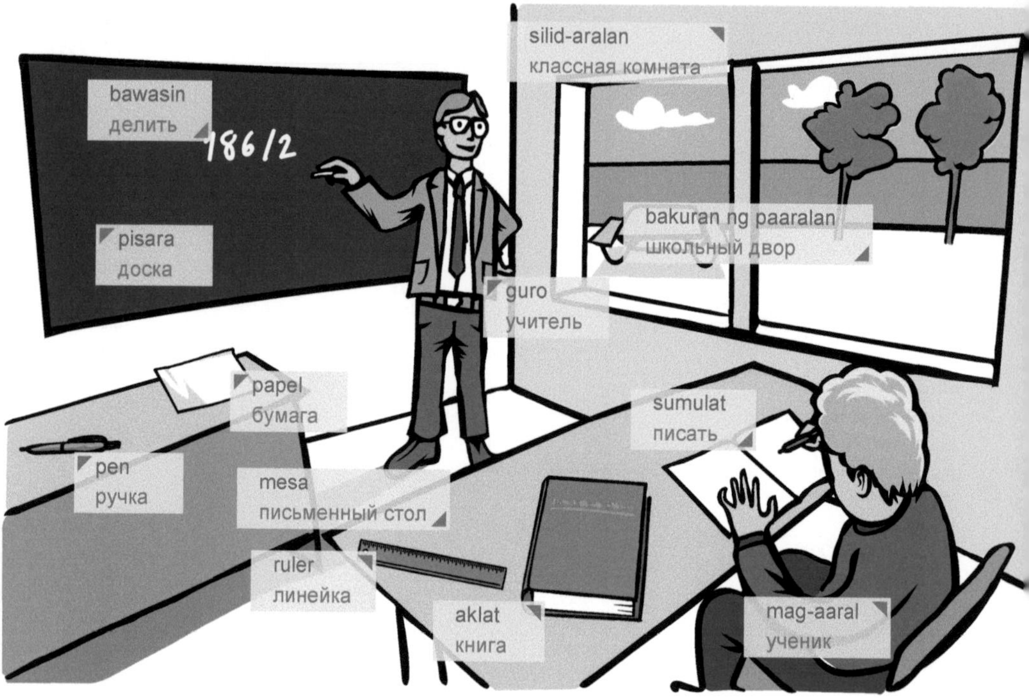

silid-aralan
классная комната
bawasin
делить
186/2
pisara
доска
bakuran ng paaralan
школьный двор
guro
учитель
papel
бумага
sumulat
писать
pen
ручка
mesa
письменный стол
ruler
линейка
aklat
книга
mag-aaral
ученик

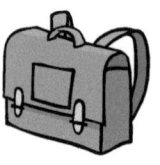

satchel

ранец

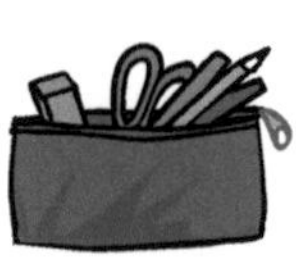

lalagyan ng lapis

пенал

lapis

карандаш

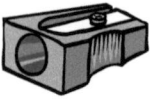

pantasa

точилка

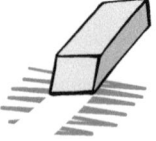

goma

ластик

drowing pad

альбом для рисования

drowing
рисунок

pinsel na pampinta
кисточка

kahon ng pinta
коробка красок

gunting
ножницы

pandikit
клей

aklat para sa pagsasanay
тетрадь

takdang-aralin
домашняя работа

numero
цифра

2+2

dagdagan
прибавлять

bawasin
вычитать

paramihin
умножать

kalkulahin
считать

liham
буква

alpabeto
алфавит

salita
слово

teksto

текст

basahin

читать

yeso

мел

leksyon

урок

rehistro

классный журнал

eksaminasyon

экзамен

sertipiko

диплом

uniporme sa paaralan

школьная форма

edukasyon

образование

encyclopedia

энциклопедия

unibersidad

университет

mikroskopyo

микроскоп

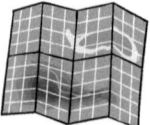

mapa

карта

basurahan ng papel

корзина для бумаг

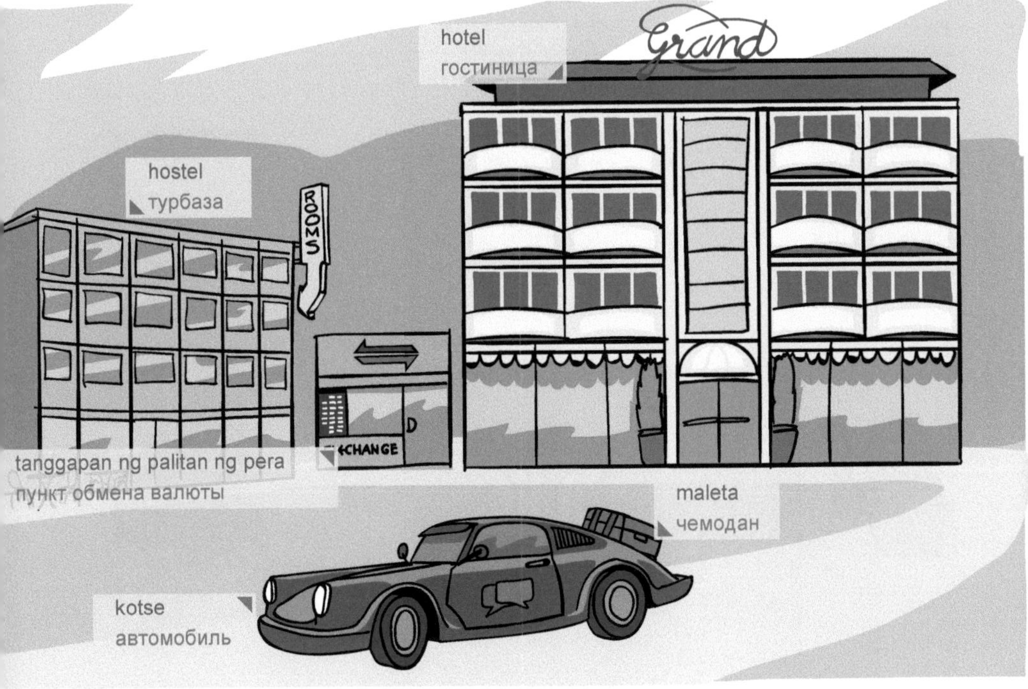

hotel
гостиница
Grand
hostel
турбаза
ROOMS
EXCHANGE
tanggapan ng palitan ng pera
пункт обмена валюты
maleta
чемодан
kotse
автомобиль

wika
язык

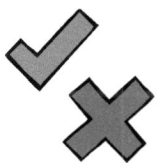

oo / hindi
да / нет

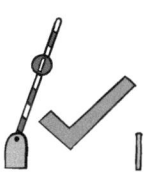

Okey
хорошо

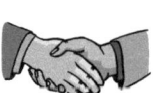

kumusta
Привет

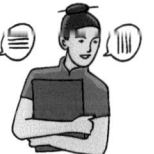

tagapagsalin
переводчик

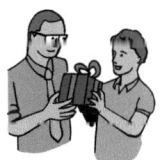

Salamat
Спасибо

magkano ang...?

Сколько стоит...?

Hindi ko maintindihan

Я не понимаю

problema

проблема

Magandang gabi!

Добрый вечер!

Magandang umaga!

Доброе утро!

Magandang gabi!

Доброй ночи!

paalam

До свидания

direksyon

направление

bahage

багаж

bag

сумка

napsak

рюкзак

panauhin

гость

silid

комната

sakong tulugan

спальный мешок

tolda

палатка

impormasyon ng turista

туристическая
информация

dalampasigan

пляж

credit card

кредитная карточка

almusal

завтрак

tanghalian

обед

hapunan

ужин

tiket

билет

elebeytor

лифт

selyo

почтовая марка

hangganan

граница

adwana

таможня

embahada

посольство

visa

виза

pasaporte

паспорт

transportasyon

транспорт

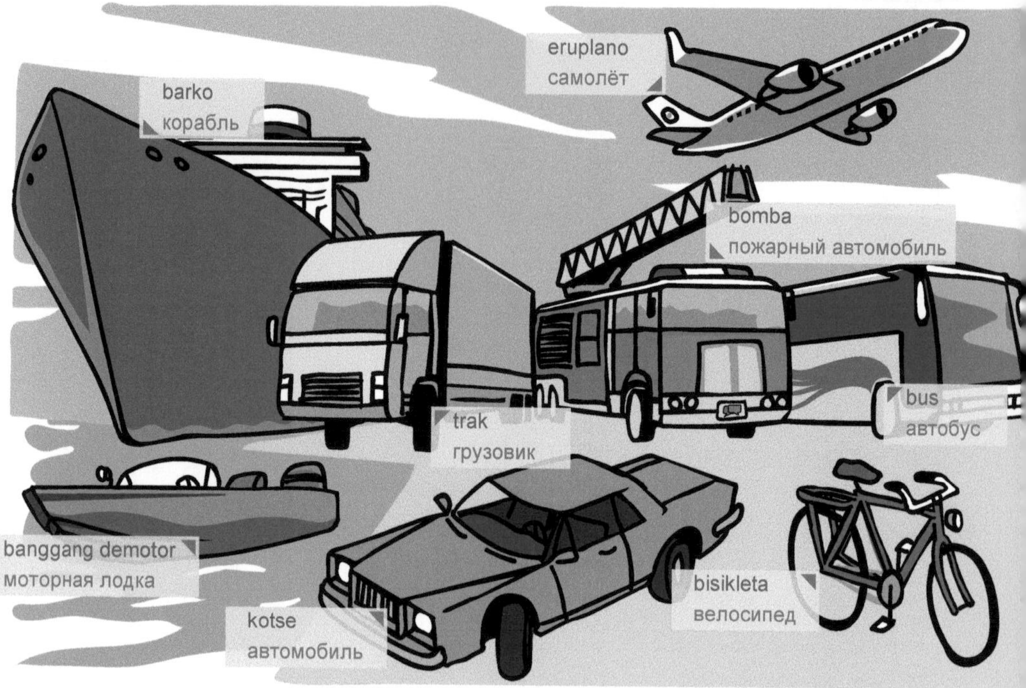

eruplano
самолёт
barko
корабль
bomba
пожарный автомобиль
bus
автобус
trak
грузовик
banggang demotor
моторная лодка
bisikleta
велосипед
kotse
автомобиль

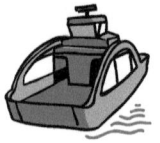

lantsang pantawid

паром

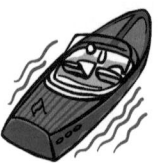

bangka

лодка

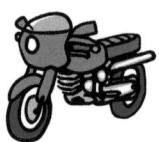

motorsiklo

мотоцикл

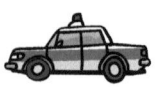

sasakyan ng pulis

полицейский автомобиль

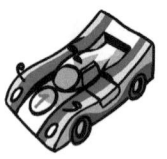

kotseng pangkarera

гоночный автомобиль

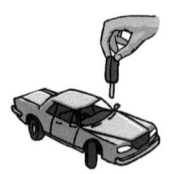

nirerentahang kotse

арендованный автомобиль

car sharing

овместное пользование
автомобилями

trak na panghila

буксировочный
автомобиль

trak na pantapon ng basura

мусоровоз

motor

двигатель

panggatong

топливо

gasolinahan

заправка

karatula ng trapiko

дорожный знак

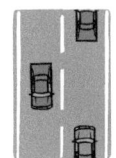

trapiko

движение

masikip na trapiko

пробка

paradahan ng kotse

автостоянка

estasyon ng tren

вокзал

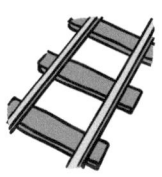

riles

рельсы

tren

поезд

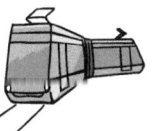

trambya

трамвай

wagon

вагон

helikopter

вертолёт

paliparan

аэропорт

tore

вышка

pasahero

пассажир

sisidlan

контейнер

karton

коробка

kariton

тележка

basket

корзина

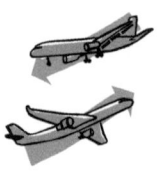

umalis / lumapag

взлетать / приземляться

lungsod

город

nayon

деревня

sentro ng lungsod

центр города

bahay

дом

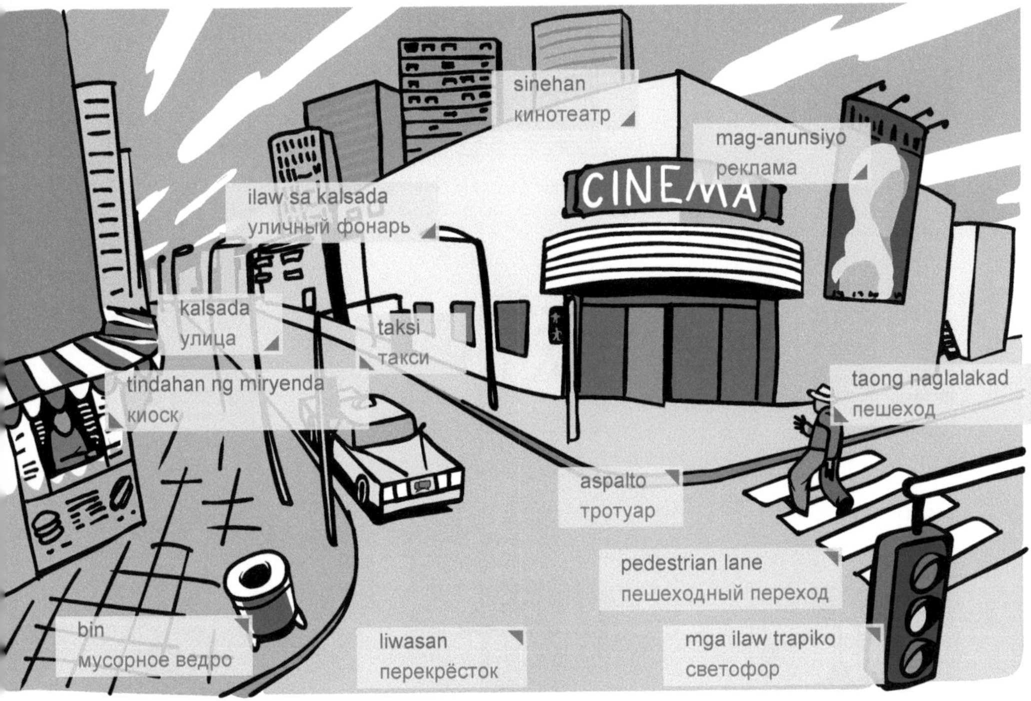
sinehan
кинотеатр
mag-anunsiyo
реклама
CINEMA
ilaw sa kalsada
уличный фонарь
kalsada
улица
taksi
такси
tindahan ng miryenda
киоск
taong naglalakad
пешеход
aspalto
тротуар
pedestrian lane
пешеходный переход
bin
мусорное ведро
liwasan
перекрёсток
mga ilaw trapiko
светофор

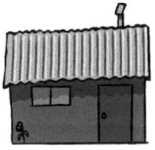

kubo

хижина

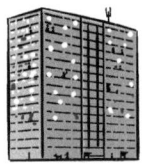

patag

квартира

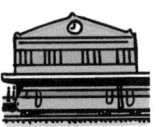

estasyon ng tren

вокзал

munisipyo

ратуша

MUSEUM
museo

музей

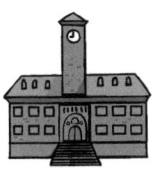

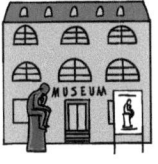

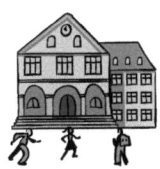

paaralan

школа

unibersidad

университет

bangko

банк

ospital

больница

hotel

гостиница

parmasya

аптека

opisina

офис

tindahan ng aklat

книжный магазин

tindahan

магазин

tindahan ng bulaklak

цветочный магазин

supermarket

супермаркет

palengke

рынок

department store

универмаг

tindahan ng isda

торговец рыбой

sentrong pamilihan

торговый центр

daungan

порт

parke

парк

bangko

скамейка

tulay

мост

hagdan

лестница

underground

метро

tunel

тоннель

hintuan ng bus

автобусная остановка

bar

бар

restawran

ресторан

kahon ng koreo

почтовый ящик

karatula sa kalsada

табличка с названием
улицы

metro ng paradahan

паркометр

zoo

зоопарк

swimming pool

бассейн

moske

мечеть

bukid

ферма

polusyon

загрязнение окружающей среды

libingan

кладбище

simbahan

церковь

palaruan

детская площадка

templo

храм

tanawin

ландшафт

dahon
лист

posteng pananda
дорожный указатель

daan
дорога

parang
луг

bato
камень

hiker
путешественник

kahoy
дерево

ilog
река

damo
трава

bulaklak
цветок

lambak

долина

burol

гора

look

озеро

kagubatan

лес

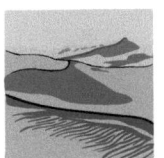

disyerto

пустыня

bulkan

вулкан

kastilyo

замок

bahaghari

радуга

kabute

гриб

palmera

пальма

lamok

комар

langaw

муха

langgam

муравей

bubuyog

пчела

gagamba

паук

salagubang

жук

palaka

лягушка

ardilya

белка

parkupino

еж

liyebre

заяц

kuwago

сова

ibon

птица

sisne

лебедь

bulugan

кабан

usa

олень

moose

лось

dam

плотина

turbina ng hangin

ветряной генератор

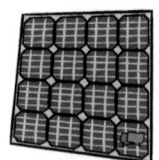

solar panel

солнечная батарея

klima

климат

restawran
ресторан

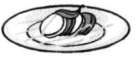

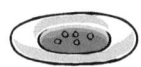

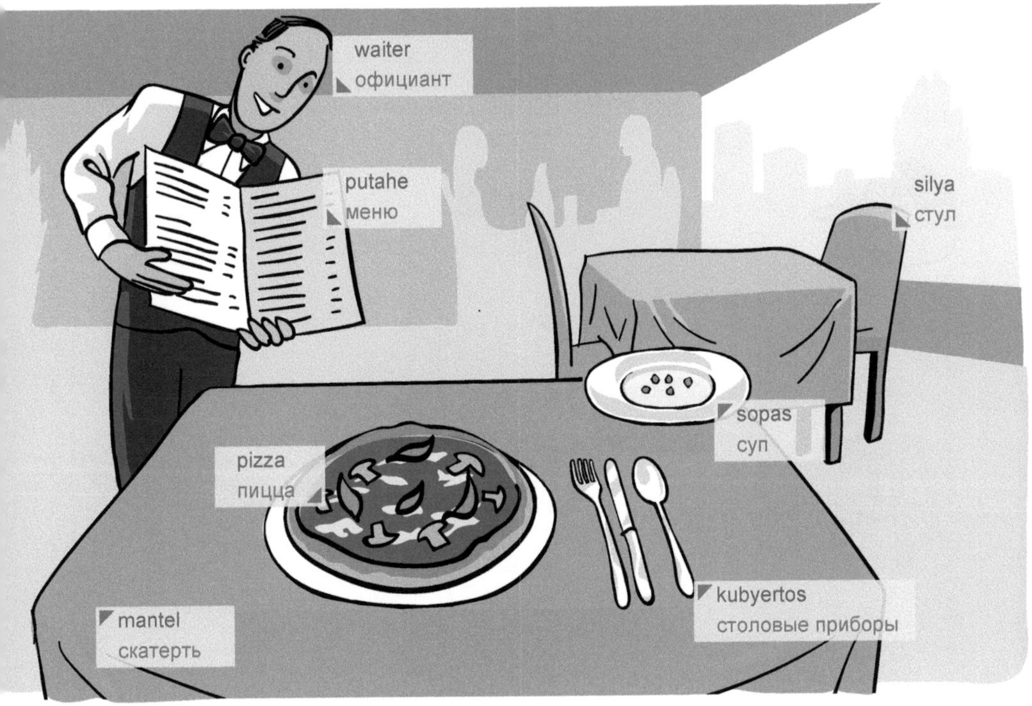
waiter
официант
putahe
меню
silya
стул
sopas
суп
pizza
пицца
kubyertos
столовые приборы
mantel
скатерть

panimula

закуска

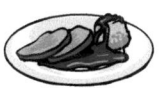

pangunahing pagkain

главное блюдо

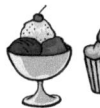

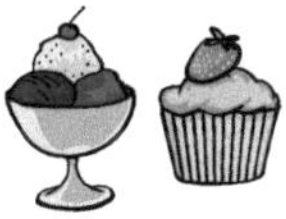

panghimagas

десерт

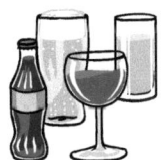

inumin

напитки

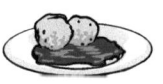

pagkain

еда

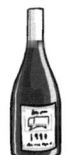

bote

бутылка

fastfood

фастфуд

pagkaing kalye

уличная еда

tsarera

чайник

panutsa

сахарница

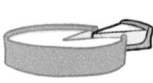

bahagi

порция

espresso machine

кофеварка

mataas na upuan

детский стульчик

bayarin

счет

bandehado

поднос

kutsilyo

нож

tinidor

вилка

kutsara

ложка

kutsarita

чайная ложка

serviette

салфетка

baso

стакан

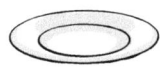

pinggan

тарелка

platong pansopas

суповая тарелка

platito

блюдце

sawsawan

соус

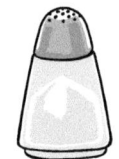

pangkalog ng asin

солонка

panggiling ng paminta

мельница для перца

suka

уксус

langis

масло

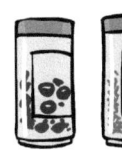

pampalasa

специи

ketsup

кетчуп

mustasa

горчица

mayonnaise

майонез

supermarket

супермаркет

espesyal na alok
специальное предложение
FOR
kustomer
покупатель
produktong mantikilya
молочные продукты
prutas
фрукты
troli
тележка для покупок

BUTCHERS

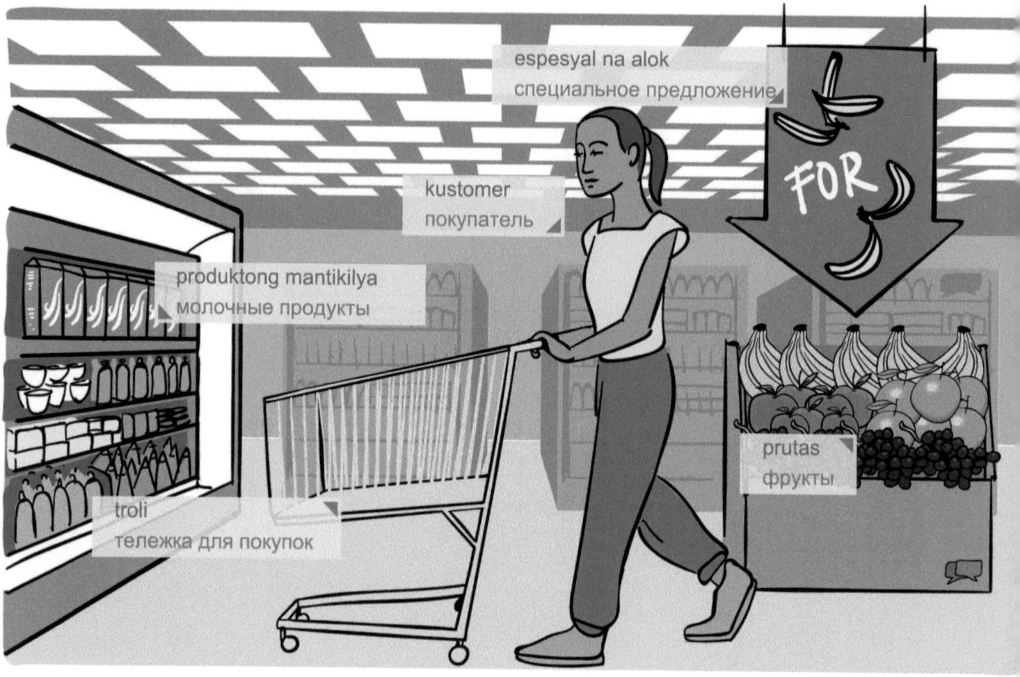

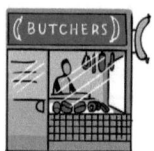

butser

мясной магазин

BAKERY

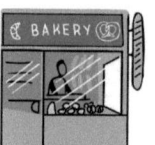

panaderya

пекарня

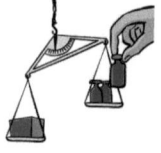

timbang

взвешивать

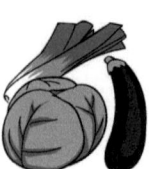

mga gulay

овощи

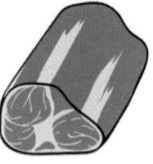

karne

мясо

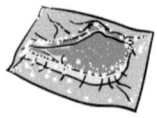

pinalamig na pagkain

быстрозамороженные продукты

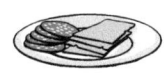

malamig na karne

нарезка

delatang pagkain

консервы

pulbos na panlaba

стиральный порошок

matatamis

сладости

mga produktong pambahay

предмет домашнего обихода

mga produktong panlinis

моющее средство

tindera

продавщица

cash register

касса

kahera

кассир

listahan ng pinamili

список покупок

oras ng pagbubukas

время работы

pitaka

бумажник

credit card

кредитная карточка

bag

сумка

plastik bag

полиэтиленовый пакет

напитки

tubig

вода

juice

сок

gatas

молоко

coke

кока-кола

alak

вино

serbesa

пиво

alak

алкоголь

kakaw

какао

tsaa

чай

kape

кофе

espresso

эспрессо

cappuccino

капучино

saging

банан

mansanas

яблоко

kahel

апельсин

melon

арбуз

limon

лимон

carrot

морковь

bawang

чеснок

kawayan

бамбук

sibuyas

лук

kabute

гриб

mani

орехи

noodles

лапша

spaghetti

спагетти

bigas

рис

ensalada

салат

chips

картофель фри

pritong patatas

жареный картофель

pizza

пицца

hamburger

гамбургер

sandwich

сэндвич

piraso ng karneng walang buto

шницель

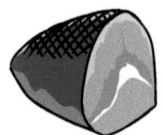

hamon

ветчина

salami

салями

tsoriso

колбаса

manok

курица

inihaw

жаркое

isda

рыба

mga porridge oat

овсяные хлопья

muesli

мюсли

cornflakes

кукурузные хлопья

harina

мука

croissant

круассан

rolyong tinapay

булочка

tinapay

хлеб

tostado

тост

biskuwit

печенье

mantikilya

масло

keso

творог

keyk

пирог

itlog

яйцо

pritong itlog

яичница

keso

сыр

sorbetes

мороженое

asukal

сахар

pulot

мёд

jam

мармелад

tsokolateng pinapahid

крем с нугой

curry

карри

bukid

ферма

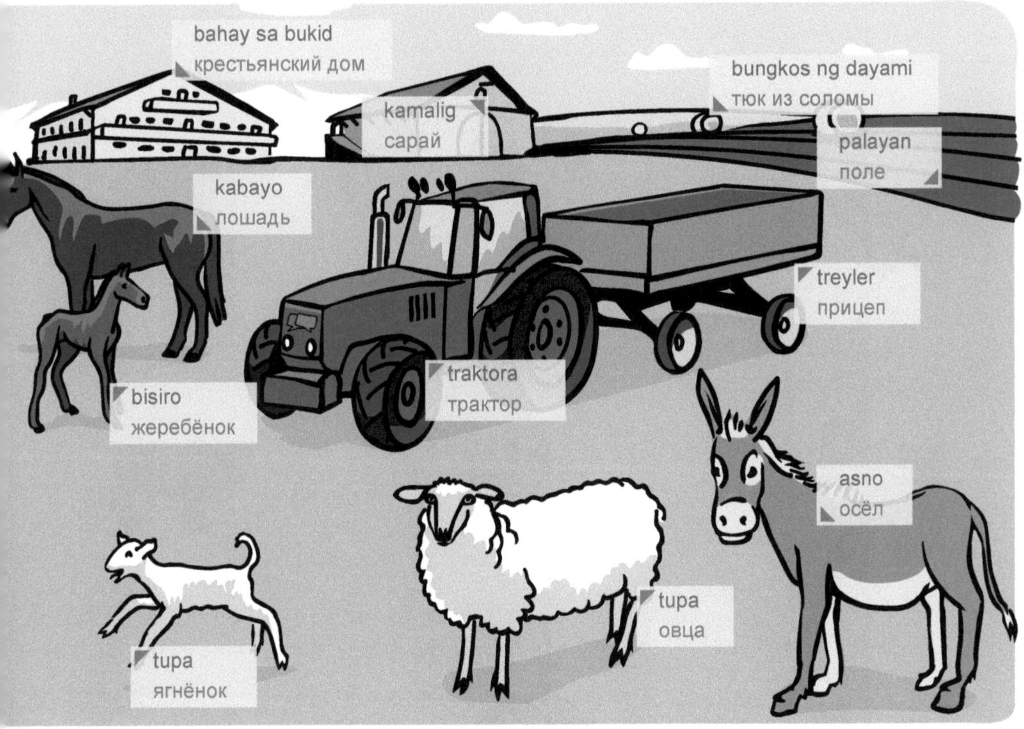
bahay sa bukid
крестьянский дом
kamalig
сарай
bungkos ng dayami
тюк из соломы
palayan
поле
kabayo
лошадь
treyler
прицеп
traktora
трактор
bisiro
жеребёнок
asno
осёл
tupa
овца
tupa
ягнёнок

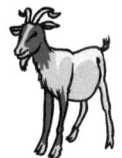

kambing
коза

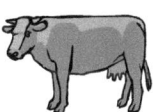

baka
корова

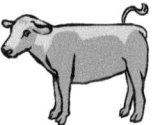

guya
телёнок

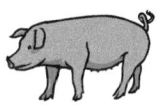

baboy
свинья

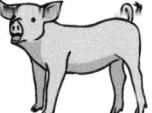

biik
поросёнок

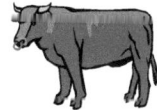

toro
бык

gansa

гусь

pato

утка

sisiw

цыплёнок

inahin

курица

katyaw

петух

daga

крыса

pusa

кошка

daga

мышь

kapong baka

вол

aso

собака

bahay ng aso

конура

hose sa hardin

садовый шланг

latang pandilig

лейка

haras

коса

araro

плуг

karit

серп

asarol

мотыга

tuhugin

навозные вилы

palakol

топор

karitela

тачка

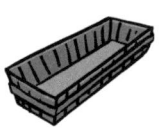

sabsaban

корыто

lata ng gatas

бидон для молока

sako

мешок

bakod

забор

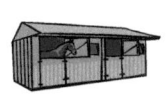

kuwadra

хлев

punlaan

теплица

lupa

почва

buto

посев

pataba

удобрение

combine harvester

комбайн

mag-ani

собирать урожай

ani

урожай

yams

ямс

trigo

пшеница

soya

соя

patatas

картофель

mais

кукуруза

rapeseed

рапс

kahoy na namumunga

фруктовое дерево

kamoteng kahoy

маниок

siryal

злаки

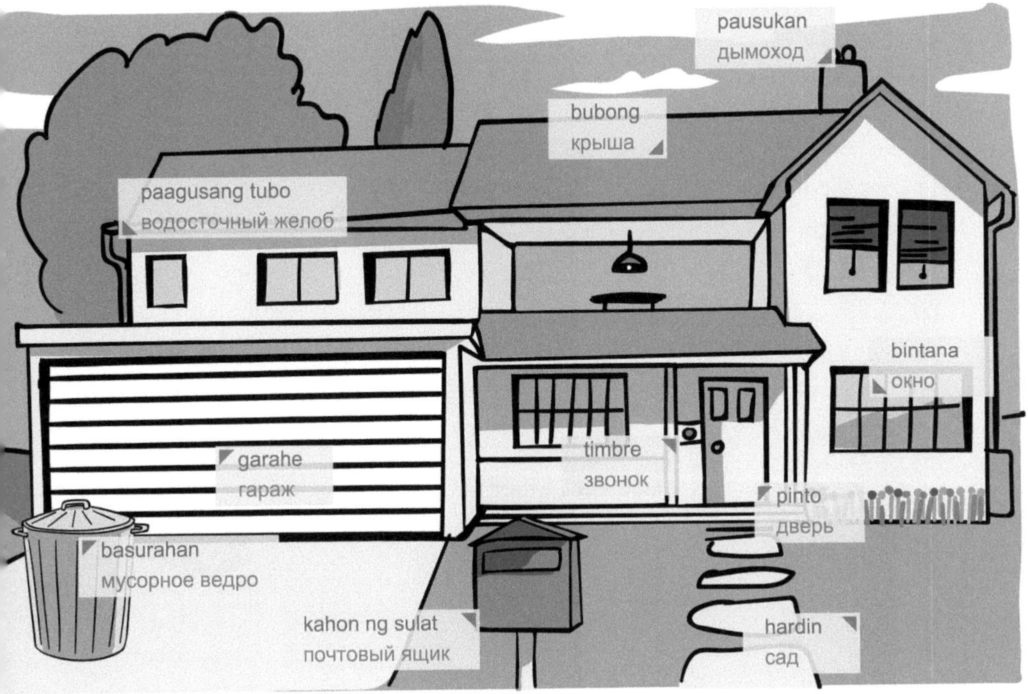

pausukan
дымоход

bubong
крыша

paagusang tubo
водосточный желоб

bintana
окно

garahe
гараж

timbre
звонок

pinto
дверь

basurahan
мусорное ведро

kahon ng sulat
почтовый ящик

hardin
сад

salas

гостиная

palikuran

ванная комната

kusina

кухня

silid-tulugan

спальня

silid ng bata

детская комната

hapag-kainan

столовая

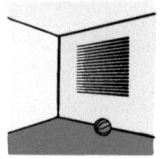

sahig

пол

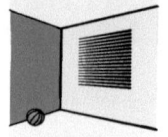

pader

стена

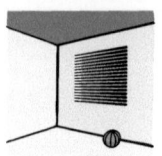

kisame

потолок

bodega ng alak

подвал

sauna

сауна

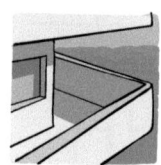

balkonahe

балкон

terasa

терраса

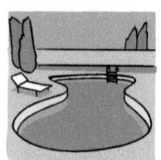

pool

бассейн

pamputol ng damo

газонокосилка

piraso ng papel

пододеяльник

kobrekama

покрывало

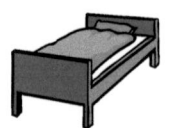

higaan

кровать

walis

метла

timba

ведро

pindutan

выключатель

salas

гостиная

wallpaper
обои
litrato
рисунок
ilaw
лампа
estante
полка
kabinet
шкаф
telebisyon
телевизор
pugon
камин
bulaklak
цветок
unan
подушка
sopa
диван
plorera
ваза
remote control
пульт дистанционного управления

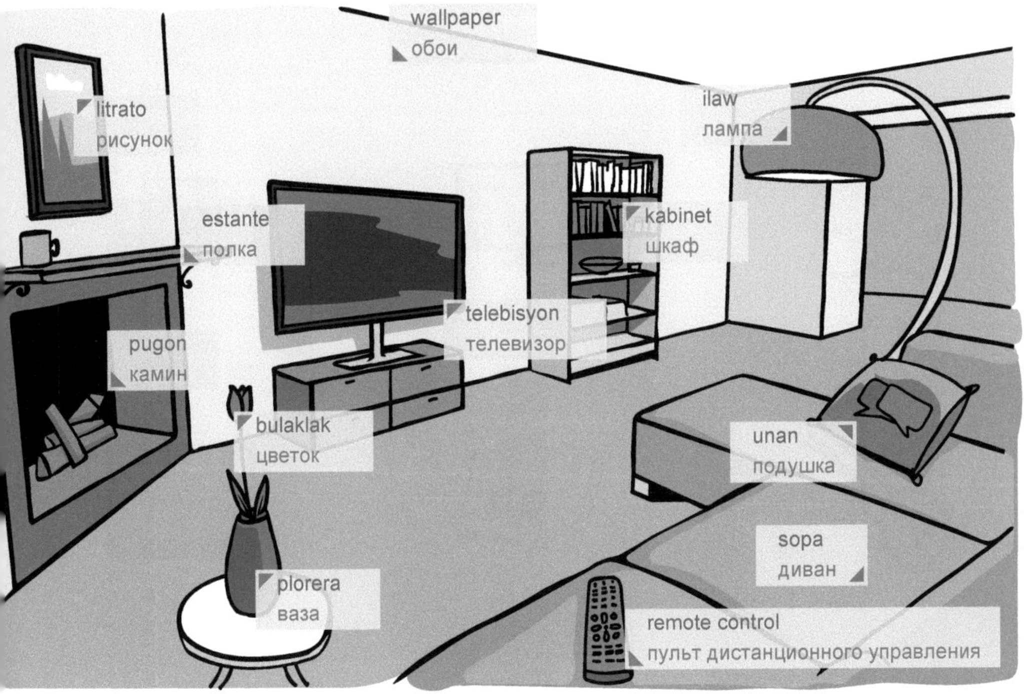

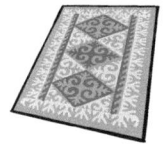

karpet

ковёр

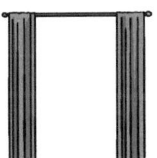

kurtina

штора

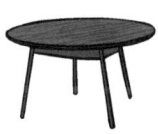

mesa

стол

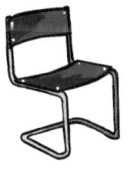

silya

стул

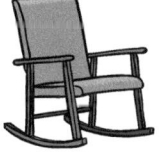

tumba-tumba

кресло-качалка

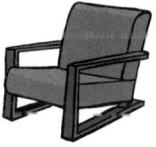

sandalan

кресло

aklat

книга

kumot

покрывало

dekorasyon

украшение

kahoy na panggatong

дрова

pelikula

фильм

hi-fi

стереосистема

susi

ключ

dyaryo

газета

pinta

картина

poster

плакат

radyo

радио

kuwaderno

блокнот

vacuum cleaner

пылесос

kaktus

кактус

kandila

свеча

kusina

кухня

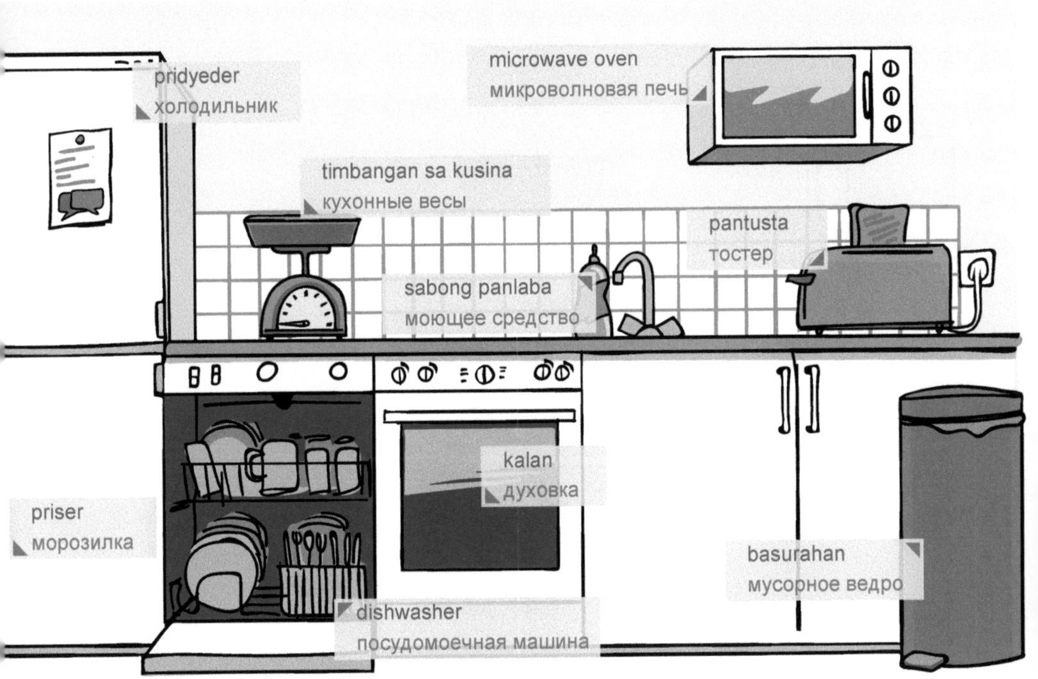

microwave oven
микроволновая печь
pridyeder
холодильник
timbangan sa kusina
кухонные весы
pantusta
тостер
sabong panlaba
моющее средство
kalan
духовка
priser
морозилка
basurahan
мусорное ведро
dishwasher
посудомоечная машина

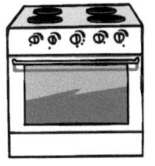

lutuan
....
плита

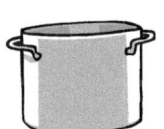

kaldero
....
кастрюля

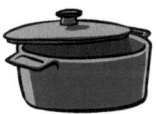

kalderong bakal
....
чугунный котелок

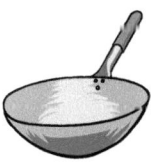

wok / kadai
....
вок / кадай

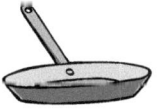

kawali
....
сковорода

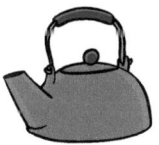

takore
....
чайник

pasingawan

пароварка

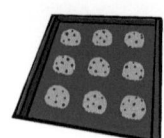

bandehado sa paghuhurno

противень

babasagin

посуда

mug

кружка

mangkok

миска

sipit ng intsik

палочки для еды

sandok

половник

spatula

лопатка

pampalis

сбивалка

pansala

сито

salaan

сито

pangkayod

тёрка

almires

ступка

barbikyo

гриль

siga

костёр

tadtaran

доска

rodilyo

скалка

tribuson

штопор

lata

жестяная банка

pambukas ng lata

консервный нож

panghawak ng kaldero

прихватка

lababo

раковина

bras

щетка

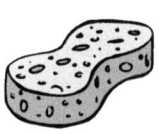

espongha

губка

blender

миксер

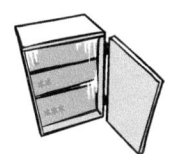

malalim na freezer

морозильная камера

bote ng sanggol

бутылочка для кормления

gripo

кран

palikuran

ванная комната

shower
душ
pampainit
отопление
tuwalya
полотенце
kurtina sa shower
душевая занавеска
bubble bath
пенистая ванна
banyera
ванна
baso
стакан
washing machine
стиральная машина
gripo
кран
tiles
плитка
arinola
горшок
lababo
раковина

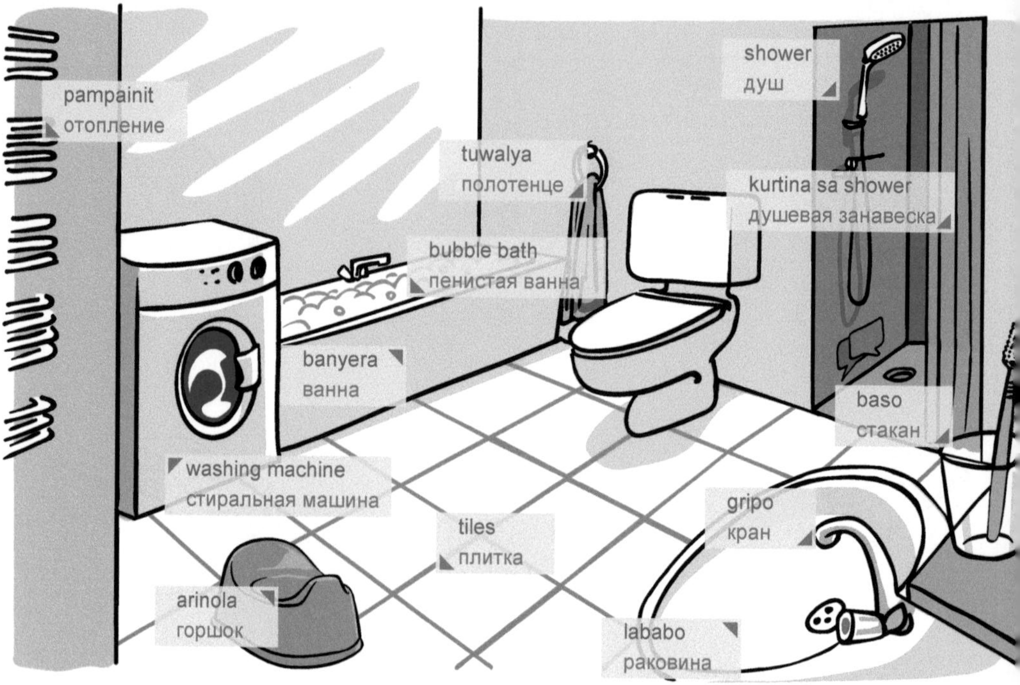

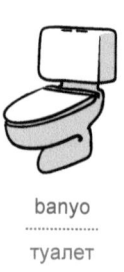

banyo

туалет

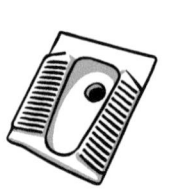

squat toilet

напольный унитаз

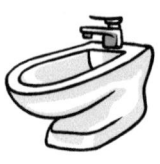

bidet

биде

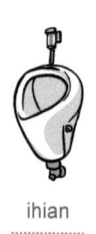

ihian

писсуар

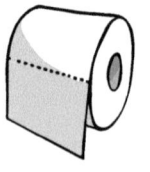

toilet paper

туалетная бумага

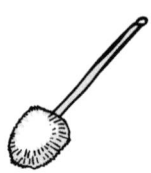

iskoba sa banyo

ершик

sipilyo

зубная щетка

tutpeyst

зубная паста

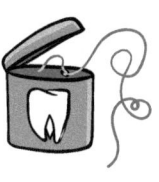

dental floss

зубная нить

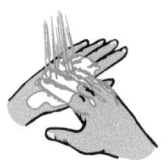

hugasan

мыть

shower na hinahawakan

ручной душ

dutsa

интимный душ

palanggana

таз

bras panlikod

щетка для спины

sabon

мыло

shower gel

гель для душа

shampoo

шампунь

pranela

мочалка

paagusan

сток

krema

крем

deodorant

дезодорант

salamin

зеркало

salaming hinahawakan

ручное зеркало

pang-ahit

бритва

bulang pang-ahit

пена для бритья

aftershave

лосьон после бритья

suklay

расческа

brush

щетка

pantuyo ng buhok

фен

sprey sa buhok

лак для волос

makeup

косметика

lipistik

губная помада

pampakintab ng kuko

лак для ногтей

bulak na lana

вата

panggupit ng kuko

маникюрные ножницы

pabango

духи

washbag
....
косметичка

stool
....
табуретка

timbangan
....
весы

bata
....
халат

gomang guwantes
....
резиновые перчатки

tampon
....
тампон

malinis na tuwalya
....
гигиеническая прокладка

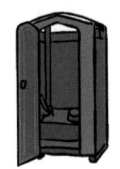

chemical toilet
....
биотуалет

silid ng bata

детская комната

alarm clock
будильник
nayayakap na laruan
мягкая игрушка
laruang kotse
игрушечный автомобиль
kuliling
погремушка
bahay ng manika
кукольный домик
regalo
подарок

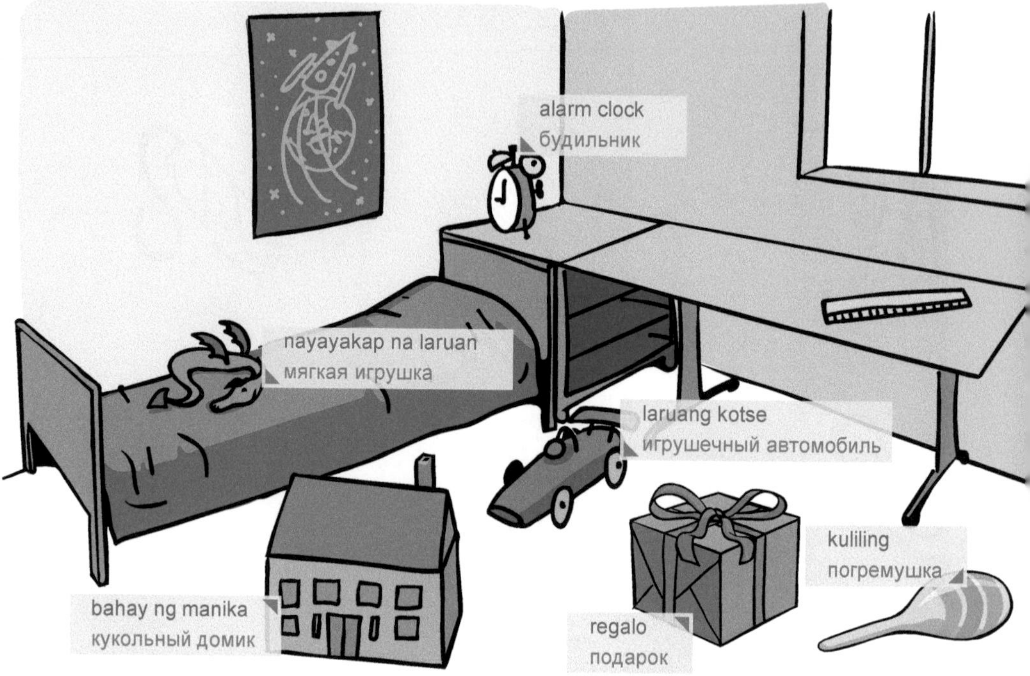

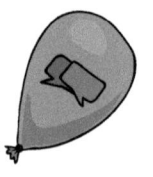

lobo

воздушный шар

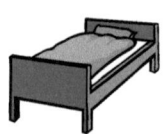

higaan

кровать

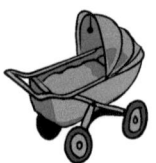

pram

детская коляска

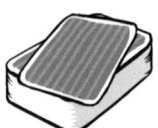

hanay ng mga baraha

карточная игра

jigsaw

пазл

SUPER MEGA

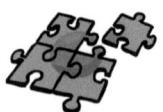

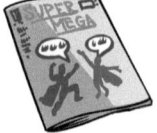

komiks

комикс

lego bricks

кирпичики Лего

blokeng laruan

кубики

action figure

игрушечная фигурка

paglaki ng sanggol

ползунки

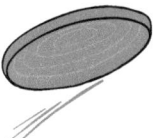

frisbee

фрисби

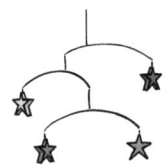

mobile

мобиле

board game

настольная игра

dice

кубик

model train set

модель железной дороги

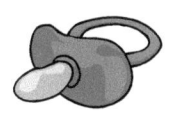

manikin

соска

salu-salo

вечеринка

aklat ng mga litrato

книга с картинками

bola

мяч

manika

кукла

maglaro

играть

tibagan ng buhangin

песочница

duyan

качели

mga laruan

игрушка

video game console

игровая приставка

traysikel

трёхколесный велосипед

teddy bear

плюшевый медвежонок

aparador

шкаф для одежды

pananamit

одежда

medyas

носки

stockings

чулки

pampitis

колготки

bandana
шарф

sinturon
ремень

payong
зонтик

t-shirt
футболка

sneakers
кроссовки

bota
сапоги

tsinelas
тапки

sandalyas
сандалии

sapatos
ботинки

botang degoma
резиновые сапоги

salawal
трусы

bra
бюстгальтер

tsaleko
майка

katawan

боди

pantalon

брюки

jeans

джинсы

palda

юбка

blusa

блузка

kamiseta

рубашка

pullover

свитер

panlamig

свитер

blazer

спортивная куртка

diyaket

жакет

kapa

пальто

kapote

плащ

kasuotan

костюм

bistida

платье

damit pangkasal

свадебное платье

terno

мужской костюм

damit pantulog

ночная сорочка

padyama

пижама

sari

сари

bandana sa ulo

платок

turban

тюрбан

burka

паранджа

kaftan

кафтан

abaya

абайя

panlangoy

купальник

trunks

плавки

salawal

шорты

tracksuit

спортивный костюм

apron

фартук

guwantes

перчатки

butones

пуговица

salamin

очки

pulseras

браслет

kuwintas

цепочка

singsing

кольцо

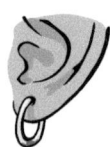

hikaw

серьга

takip

шапка

sabitan ng kapa

вешалка

sombrero

шляпа

kurbata

галстук

siper

застежка молния

helmet

шлем

tirante

подтяжки

uniporme sa paaralan

школьная форма

uniporme

форма

bibero

детский нагрудник

manikin

соска

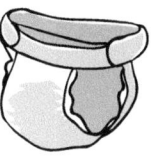

lampin

подгузник

opisina

офис

server
сервер

kabinet ng file
канцелярский шкаф

printer
принтер

monitor
монитор

papel
бумага

mesa
письменный стол

mouse
мышь

polder
папка

keyboard
клавиатура

basurahan ng papel
корзина для бумаг

upuan
стул

kompyuter
компьютер

tasa ng kape

кофейная кружка

calculator

калькулятор

internet

интернет

laptop

ноутбук

sulat

письмо

mensahe

сообщение

mobile

мобильный телефон

network

сеть

photocopier

ксерокс

software

программа

telepono

телефон

saksakan

розетка

fax machine

факс

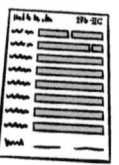

anyo

формуляр

dokumento

документ

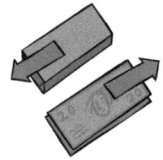

bumili

покупать

magbayad

платить

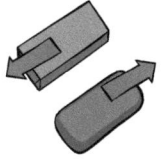

ikalakal

торговать

pera

деньги

dolyar

доллар

euro

евро

yen

иена

rublo

рубль

swiss franc

франк

renminbi yuan

жэньминьби юань

rupee

рупия

cash point

банкомат

tanggapan ng palitan ng pera

пункт обмена валюты

ginto

золото

tanso

серебро

langis

нефть

enerhiya

энергия

presyo

цена

kontrata

договор

buwis

налог

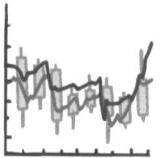

stock

акция

trabaho

работать

empleyado

служащий

taga-empleyo

работодатель

pabrika

фабрика

tindahan

магазин

mga trabaho
профессии

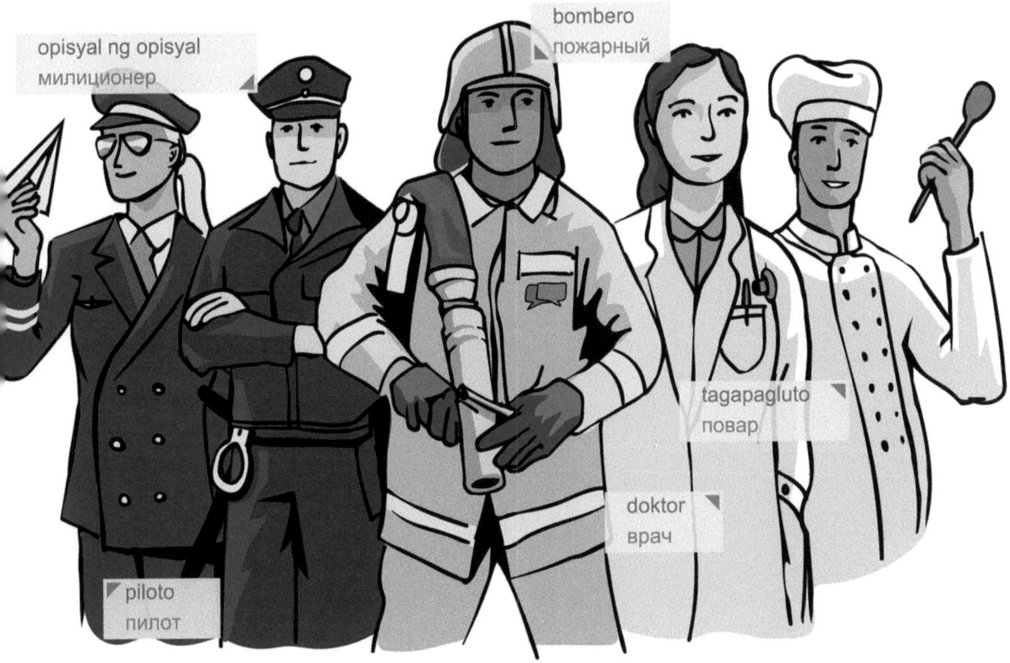
opisyal ng opisyal
милиционер
bombero
пожарный
tagapagluto
повар
doktor
врач
piloto
пилот

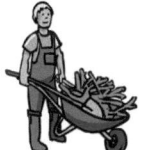

hardinero

садовник

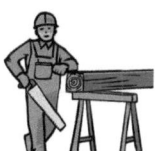

karpentero

столяр

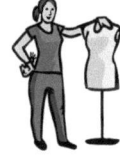

mananahi

швея

hukom

судья

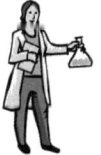

kemiko

химик

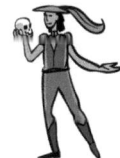

aktor

актёр

tsuper ng bus

водитель автобуса

tsuper ng taxi

таксист

mangingisda

рыбак

tagapaglinis

уборщица

tagapagkabit ng bubong

кровельщик

waiter

официант

mangangaso

охотник

pintor

художник

panadero

пекарь

elektrisyan

электрик

tagapagtayo

строитель

inhinyero

инженер

magkakarne

мясник

tubero

сантехник

kartero

почтальон

sundalo

солдат

arkitekto

архитектор

kahera

кассир

magtitinda ng bulaklak

флорист

manggugupit

парикмахер

konduktor

кондуктор

mekaniko

механик

kapitan

капитан

dentista

зубной врач

siyentipiko

ученый

rabbi

раввин

imam

имам

monghe

монах

klero

священник

mga kagamitan

инструменты

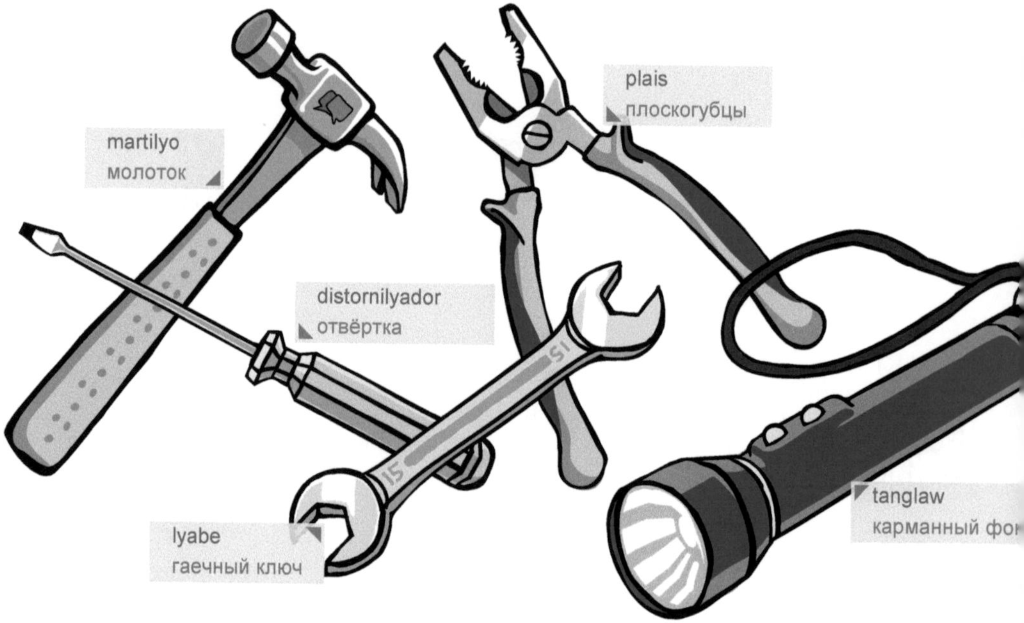

plais
плоскогубцы
martilyo
молоток
distornilyador
отвёртка
tanglaw
карманный фо
lyabe
гаечный ключ

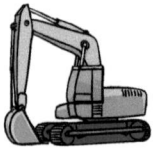

panghukay

экскаватор

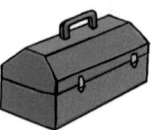

toolbox

ящик для инструментов

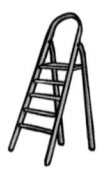

hagdan

стремянка

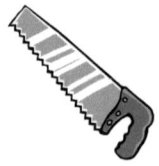

lagari

пила

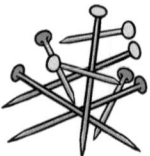

mga pako

гвозди

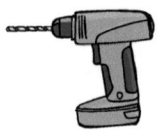

pambutas

дрель

kumpunihin

ремонтировать

pala

лопата

Kainis!

Блин!

pandakot

совок

palayok ng pintura

ведро с краской

mga tornilyo

винты

mga pangmusikang instrumento
музыкальные инструменты

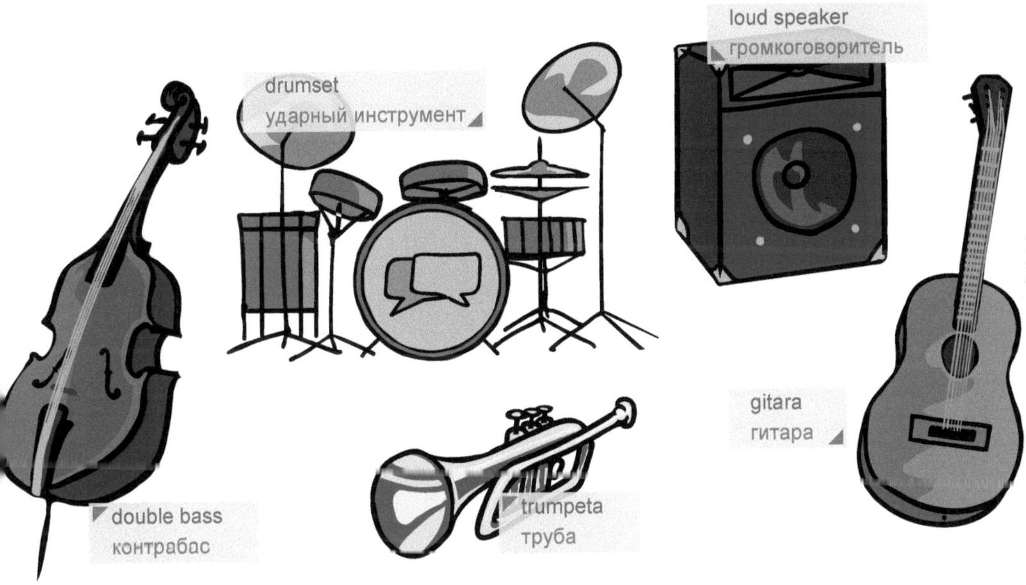

loud speaker
громкоговоритель

drumset
ударный инструмент

double bass
контрабас

trumpeta
труба

gitara
гитара

piyano

пианино

biyolin

скрипка

bass

бас-гитара

timpani

литавры

mga drum

барабан

keyboard

синтезатор

saksopon

саксофон

plauta

флейта

mikropono

микрофон

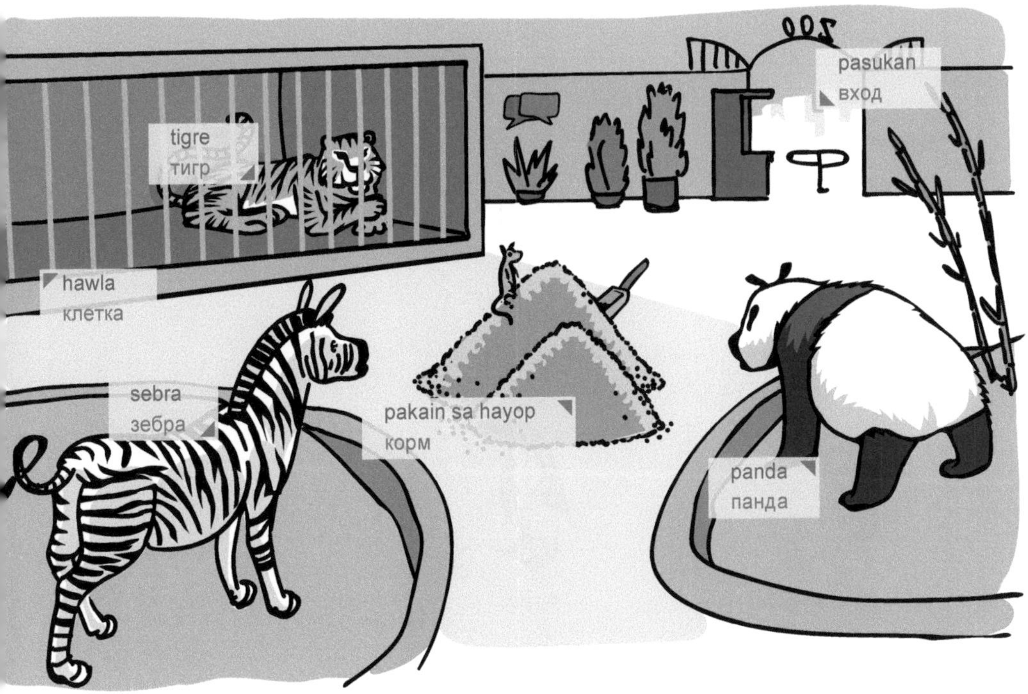

pasukan
вход

tigre
тигр

hawla
клетка

sebra
зебра

pakain sa hayop
корм

panda
панда

mga hayop

животные

elepante

слон

kanggaro

кенгуру

rhino

носорог

gorilya

горилла

oso

медведь

kamelyo

верблюд

ostrich

страус

leon

лев

unggoy

обезьяна

flamingo

фламинго

loro

попугай

polar bear

белый медведь

penguin

пингвин

pating

акула

paboreal

павлин

ahas

змея

buwaya

крокодил

tagapag-alaga ng zoo

служитель зоопарка

seal

тюлень

jaguar

ягуар

buriko

пони

leopardo

леопард

hipo

бегемот

dyirap

жираф

agila

орёл

bulugan

кабан

isda

рыба

pagong

черепаха

walrus

морж

soro

лиса

gasel

газель

Amerikanong putbol
американский футбол

pamimisikleta
езда на велосипеде

tennis
теннис

basketbol
баскетбол

paglalangoy
плавание

boksing
бокс

ice-hockey
хоккей

soccer

футбол

badminton

бадминтон

atletiks

лёгкая атлетика

handball

гандбол

skiing

лыжный спорт

polo

поло

mga aktibidad
действия

tumawa
смеяться
tumalon
прыгать
yakapin
обнимать
lumakad
идти
kumanta
петь
mangarap
мечтать
magdasal
молиться
halikan
целовать

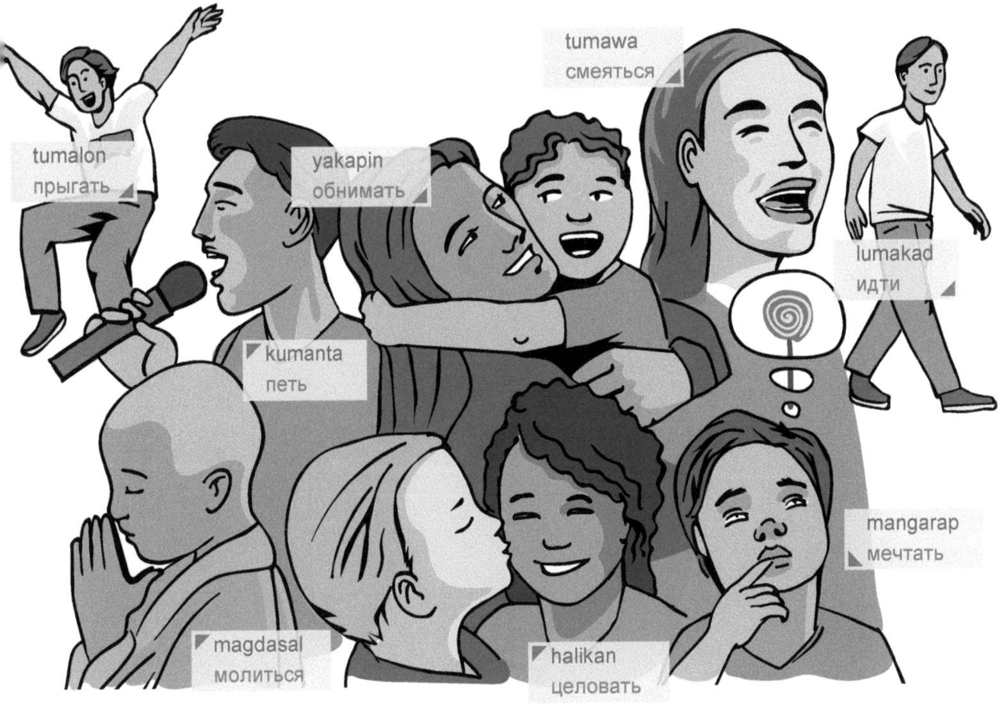

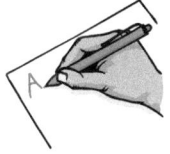

sumulat

писать

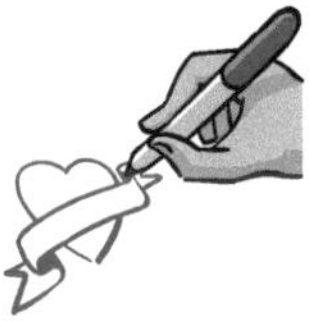

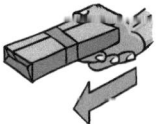

gumuhit

рисовать

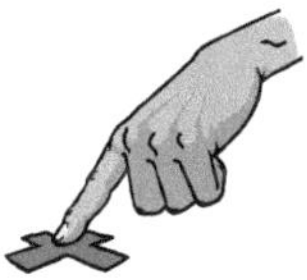

ipakita

показывать

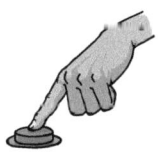

itulak

нажимать

magbigay

давать

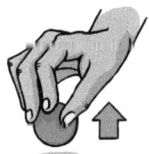

kunin

брать

magkaroon

иметь

gawin

делать

maging

быть

tumayo

стоять

tumakbo

бежать

hilahin

тянуть

itapon

бросать

malaglag

падать

mahiga

лежать

hintayin

ждать

dalhin

носить

umupo

сидеть

magbihis

надевать

matulog

спать

gumising

просыпаться

tumingin

рассматривать

umiyak

плакать

estilo

гладить

magsuklay

причесывать

magsalita

говорить

intindihin

понимать

magtanong

спрашивать

makinig

слушать

uminom

пить

kumain

кушать

linisin

наводить порядок

mahal

любить

magluto

готовить

magmaneho

ехать

lumipad

летать

maglayag

ходить под парусом

kalkulahin

считать

basahin

читать

matuto

учиться

trabaho

работать

pakasalan

вступать в брак

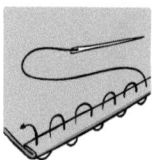

tahiin

шить

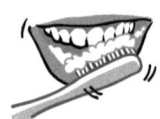

magsipilyo ng ngipin

чистить зубы

patayin

убивать

manigarilyo

курить

magpadala

отправлять

lola
бабушка

lolo
дедушка

ama
папа

ina
мама

sanggol
младенец

anak na babae
дочь

anak na lalaki
сын

panauhin

гость

tiya

тетя

tiyo

дядя

kuya

брат

ate

сестра

katawan

тело

noo
лоб
mata
глаз
balikat
плечо
daliri
палец
mukha
лицо
baba
подбородок
kamay
кисть
binti
нога
suso
грудь
bisig
рука

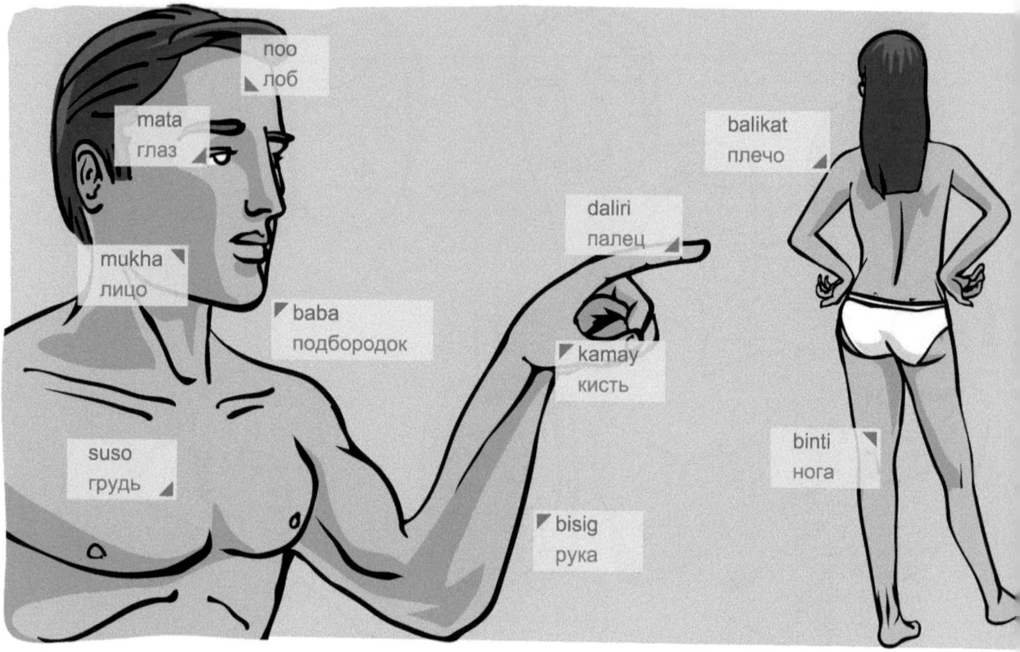

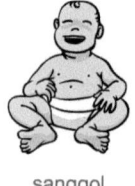

sanggol

младенец

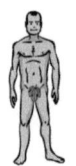

lalaki

мужчина

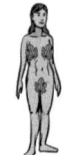

babae

женщина

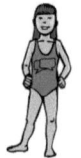

batang babae

девочка

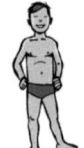

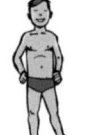

batang lalaki

мальчик

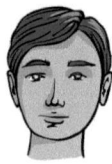

ulo

голова

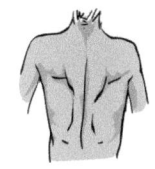

likod

спина

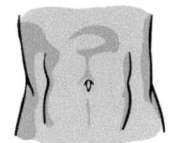

tiyan

живот

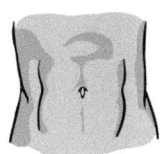

pusod

пупок

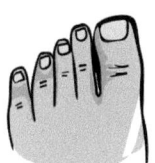

daliri ng paa

палец ноги

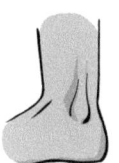

takong

пятка

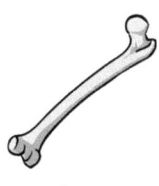

buto

кость

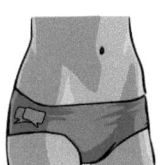

balakang

бедро

tuhod

колено

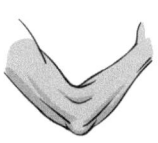

siko

локоть

ilong

нос

gitna

ягодицы

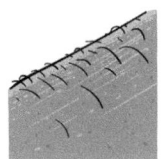

balat

кожа

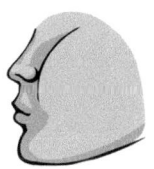

pisngi

щека

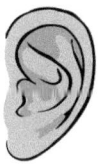

tainga

ухо

labi

губа

bibig

рот

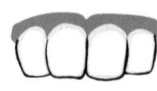

ngipin

зуб

dila

язык

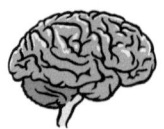

utak

мозг

puso

сердце

kalamnan

мышца

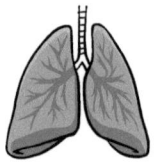

baga

лёгкое

atay

печень

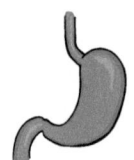

sikmura

желудок

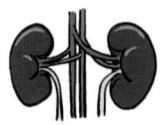

mga bato

почки

pagtatalik

половой акт

kondom

презерватив

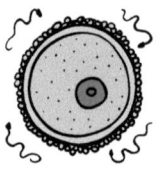

obyum

яйцеклетка

semen

сперма

pagbubuntis

беременность

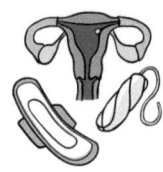

pagreregla
менструация

vagina
вагина

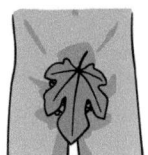

ari ng lalaki
пенис

kilay
бровь

buhok
волосы

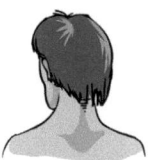

leeg
шея

ospital
больница

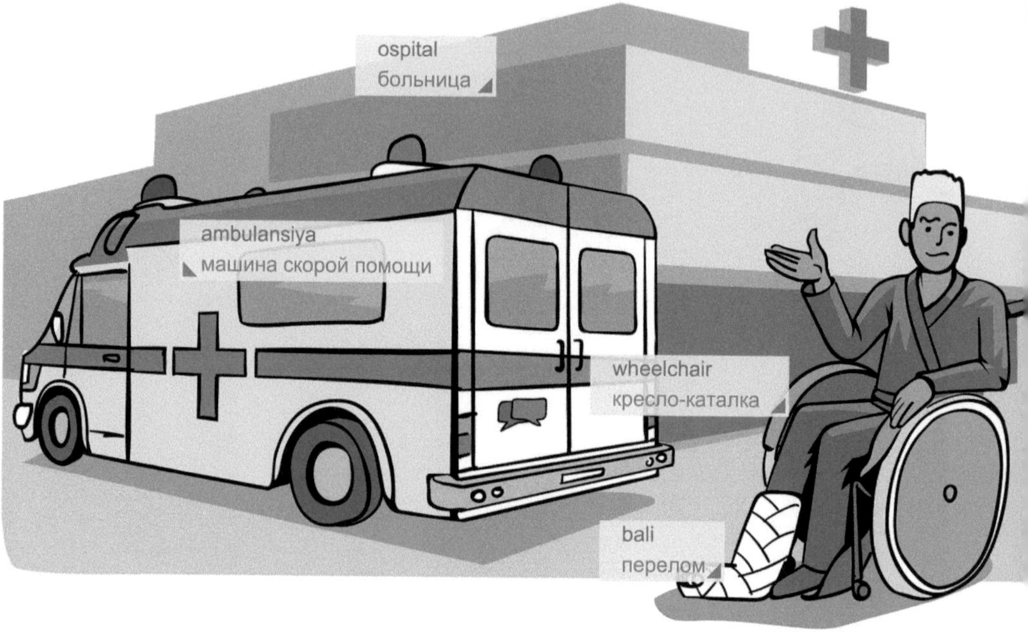

ospital
больница
ambulansiya
машина скорой помощи
wheelchair
кресло-каталка
bali
перелом

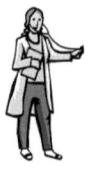

doktor

врач

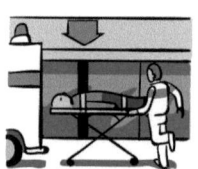

silid pang-emergency

пункт первой помощи

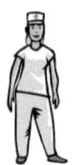

nars

медсестра

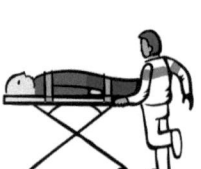

emerhensiya

неотложный случай

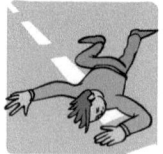

walang malay

без сознания

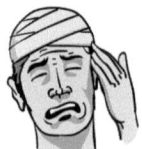

pananakit

боль

pinsala

повреждение

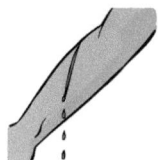

nagdurugo

кровотечение

atake sa puso

инфаркт

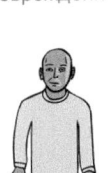

atake serebral

инсульт

alerdye

аллергия

ubo

кашель

lagnat

овышенная температура

trangkaso

грипп

pagdudumi

понос

sakit ng ulo

головная боль

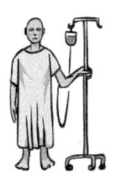

kanser

рак

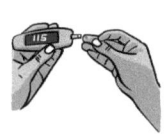

diyabetis

диабет

siruhano

хирург

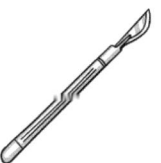

iskalpel

скальпель

operasyon

операция

ospital - больница

CT
....
КТ

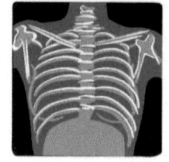

x-ray
....
рентген

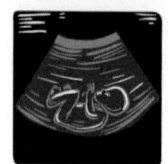

ultrasound
....
ультразвук

maskara sa mukha
....
маска

sakit
....
болезнь

silid-antayan
....
приёмная

saklay
....
костыль

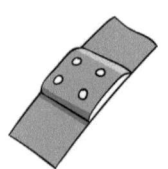

plaster
....
пластырь

benda
....
бинт

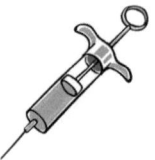

iniksyon
....
укол

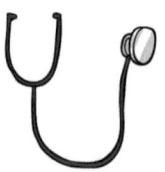

istetoskopyo
....
стетоскоп

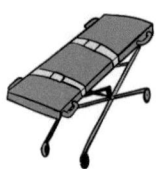

estretser
....
носилки

klinikal na termometro
....
термометр

pagsilang
....
рождение

labis sa timbang
....
избыточный вес

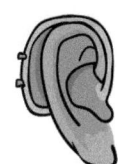

hearing-aid

слуховой аппарат

pang-disimpekta

дезинфекционное средство

impeksyon

инфекция

bayrus

вирус

HIV / AIDS

ВИЧ / СПИД

medisina

лекарство

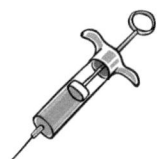

bakuna

прививка

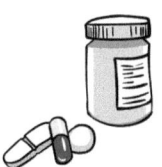

mga tableta

таблетки

tabletas

противозачаточная таблетка

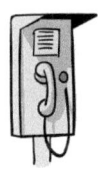

emergency na tawag

экстренный вызов

pagmamatyag sa presyon ng dugo

прибор для измерения кровяного давления

may sakit / malusog

больной / здоровый

Tulong!

Помогите!

alarma

сигнал тревоги

asulto

нападение

atake

атака

panganib

опасность

labasang pang-emergency

запасной выход

Sunog!

Пожар!

fire extinguisher

огнетушитель

aksidente

несчастный случай

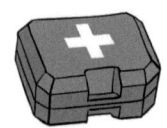

kagamitan sa paunang lunas

аптечка

SOS

SOS

pulis

милиция

Europa

Европа

Hilagang Amerika

Северная Америка

Timog Amerika

Южная Америка

Aprika

Африка

Asya

Азия

Australia

Австралия

Atlantika

Атлантический океан

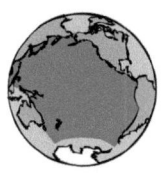

Pasipiko

Тихий океан

Dagat Indiano

Индийский океан

Dagat Antarktika

Антарктический океан

Dapat Arktika

Северный Ледовитый океан

Hilagang polo

Северный полюс

Timog polo

Южный полюс

Antartika

Антарктика

mundo

земля

lupa

суша

dagat

море

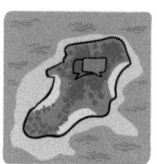

isla

остров

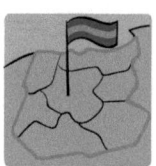

bansa

нация

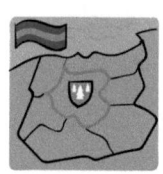

estado

государство

mukha ng orasan

циферблат

orasang kamay

часовая стрелка

minutong kamay

минутная стрелка

segundong kamay

секундная стрелка

Anong oras na?

Который час?

araw

день

oras

время

ngayon

сейчас

digital na relo

электронные часы

minuto

минута

oras

час

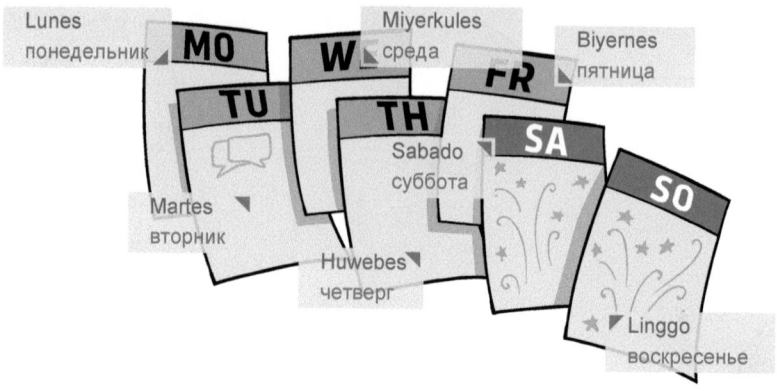

Lunes
понедельник

Miyerkules
среда

Biyernes
пятница

Martes
вторник

Sabado
суббота

Huwebes
четверг

Linggo
воскресенье

kahapon

вчера

ngayon

сегодня

bukas

завтра

umaga

утро

tanghali

полдень

gabi

вечер

mga araw ng negosyo

рабочие дни

katapusan ng linggo

выходные

taon

год

ulan
дождь
bahaghari
радуга
niyebe
снег
hangin
ветер
tagsibol
весна
taglagas
осень
tag-init
лето
taglamig
зима

4.APRIL 11°
5.APRIL 4°
6.APRIL 13°
7.APRIL 8°
8.APRIL 10°

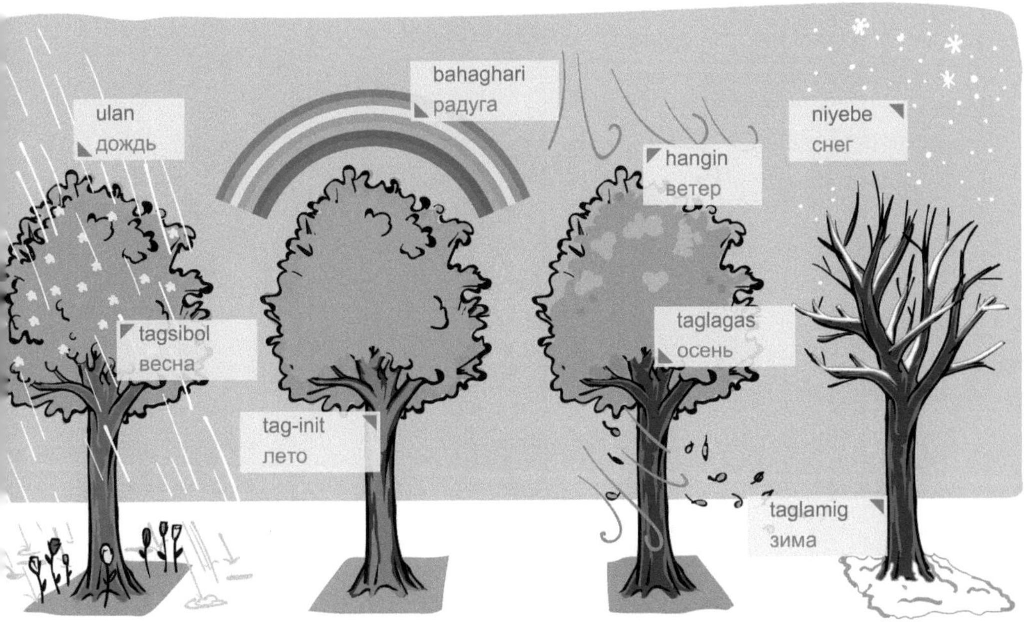

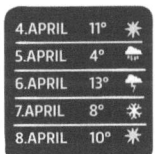

lagay ng panahon

прогноз погоды

F C
120 40
90 30
60 20
30 10
0 0
-30 -10
-20

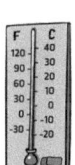

termometro

термометр

sikat ng araw

солнечный свет

ulap

туча

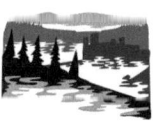

hamog

туман

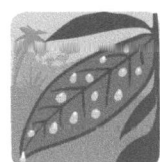

kahalumigmigan

влажность воздуха

kidlat

молния

kulog

гром

bagyo

буря

may yelong ulan

град

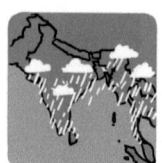

tag-ulan

муссон

pagkain

наводнение

yelo

лёд

Enero

январь

Pebrero

февраль

Marso

март

Abril

апрель

Mayo

май

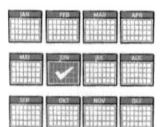

Hunyo

июнь

Hulyo

июль

Agosto

август

taon - год

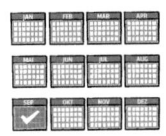

Setyembre

сентябрь

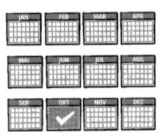

Oktubre

октябрь

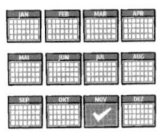

Nobyembre

ноябрь

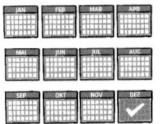

Disyembre

декабрь

mga hugis

формы

bilog

круг

parisukat

квадрат

rektanggulo

прямоугольник

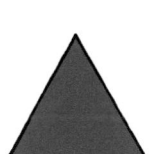

tatsulok

треугольник

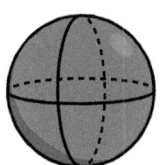

pabilog

шар

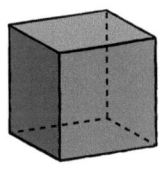

kyub

куб

puti

белый

dilaw

желтый

kahel

оранжевый

rosas

розовый

pula

красный

ube

лиловый

asul

синий

berde

зелёный

brown

коричневый

grey

серый

itim

черный

marami / kakaunti

много / мало

takot / kalmado

яростный / мирный

maganda / pangit

красивый / уродливый

simula / katapusan

начало / конец

malaki / maliit

большой / маленький

matingkad / madilim

светлый / темный

kuya / ate

брат / сестра

malinis / madumi

чистый / грязный

kumpleto / kulang

полный / неполный

araw / gabi

день / ночь

patay / buhay

мёртвый / живои

malawak / makipot

широкий / узкий

nakakain / hindi nakakain

съедобный / несъедобный

masama / mabuti

злой / дружелюбный

nakakatuwa / nakakainip

взволнованный /
скучающий

mataba / payat

толстый / худой

una / huli

сначала / в конце

kaibigan / kaaway

друг / враг

puno / walang laman

полный / пустой

matigas / malambot

твёрдый / мягкий

mabigat / magaan

тяжёлый / легкий

gutom / uhaw

голод / жажда

may sakit / malusog

больной / здоровый

ilegal / legal

незаконный / законный

matalino / tanga

умный / глупый

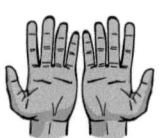

kaliwa / kanan

слева / справа

malapit / malayo

близко / далеко

bago /gamit na

новый / подержанный

wala /mayroon

ничто / нечто

matanda / bata

старый / молодой

naka-on / naka-off

включено / выключено

bukas / sarado

открыто / закрыто

tahimik / maingay

тихо / громко

mayaman / mahirap

богатый / бедный

tama / mali

правильный /
неправильный

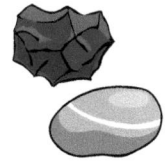

magaspang / makinis

шероховатый / гладкий

malungkot / masaya

печальный / счастливый

maikli / mahaba

короткий / длинный

mabagal / mabilis

медленный / быстрый

basa / tuyo

мокрый / сухой

maligamgam / malamig

тёплый / прохладный

digmaan / kapayapaan

война / мир

0

sero

ноль

1

isa

один

2

dalawa

два

3

tatlo

три

4

apat

четыре

5

lima

пять

6

anim

шесть

7

pito

семь

8

walo

восемь

9

siyam

девять

10

sampu

десять

11

labing-isa

одиннадцать

12
labindalawa

двенадцать

13
labintatlo

тринадцать

14
labing-apat

четырнадцать

15
labinlima

пятнадцать

16
labing-anim

шестнадцать

17
labimpito

семнадцать

18
labing-walo

восемнадцать

19
labinsiyam

девятнадцать

20
dalawampu

двадцать

100
daan

сто

1.000
libo

тысяча

1.000.000
milyon

миллион

Ingles

английский

Amerikan na Ingles

американский английский

Tsinong Mandarin

мандаринский китайский

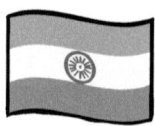

Hindi

хинди

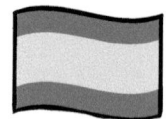

Espanyol

испанский

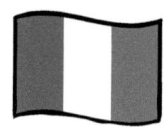

Pranses

французский

Arabe

арабский

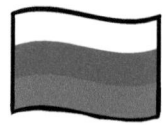

Ruso

русский

Portuges

португальский

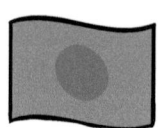

Bengali

бенгальский

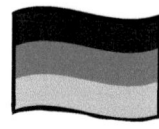

Aleman

немецкий

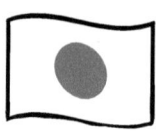

Hapon

японский

ako

я

ikaw

ты

siya / siya / ito

он / она / оно

kami

мы

ikaw

вы

sila

они

sino?

кто?

ano?

что?

paano?

как?

saan?

где?

kailangan?

когда?

pangalan

имя

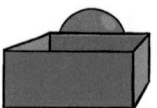

likuran

за

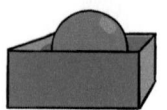

saan

в

sa harap ng

перед

itaas

над

sa

на

ilalim

под

katabi

рядом

pagitan

между

lugar

место